UBI
MORS
HABITAT

A LATIN NOVELLA

BY

ANDREW OLIMPI

Comprehensible
Classics
VOL. 22

Comprehensible
Classics Press
Dacula, GA

Ubi Mors Habitat

A Latin Novella

by Andrew Olimpi

Series: Comprehensible Classics #22

Comprehensible Classics Press
Dacula, GA

First Edition: June 2022

Cover painting and design by Andrew Olimpi

ISBN: 9798834250913

for Brian Gronewoller
and Daniel Bennett
magistri eruditi
et amici optimi

Hinc satis elucet maiorem habere vim ad discenda ista
liberam curiositatem quam meticulosam necessitatem.

Hence it is clear enough that free curiosity has a greater force in
learning that fearful compulsion.

Augustine, *Confessions* (1.14)

AUTHOR'S NOTE:

Although set in ancient Rome, this novella is not based on classical mythology or Roman history, but rather the "The Pardoner's Tale" from Geoffrey Chaucer's *The Canterbury Tales*. I am aware of two previous Latin version of this story: Philip Dunlop's in *Short Latin Stories* and Jocelyn Dumuth's excellent graphic novel adaptation in her *Tres Fabulae Horrificae*.

Although my students found the plot captivating, every year I had to adapt the texts to allow the students to get lost in the story rather than in their dictionaries. I also gradually expanded the story, adding and altering details here and there—including changing the setting from medieval England to ancient Rome. From these labors the present novella was born.

As usual, this novella was written to be read quickly, and its primary purpose is entertainment rather than instruction. I set out to write a book simple in style but not in content. I tried to structure the book in such a way that teachers and students may discuss characterization, POV, themes, foreshadowing, structural symmetry, irony, etc rather than just matters of grammar and syntax. I have limited my vocabulary, made generous use English cognates, and attempted to tell the events of the story in a concrete and clear way in order to make the story accessible beginning level Latin readers. As always, my primary audience is my own students—and my writing style and word-choice is admittedly directed towards them (though most of the vocabulary used in this book is shared across most of my other books). It is my hope that this book can also be useful and entertaining to all readers seeking to build their Latin reading fluency.

Last, but not least, I would like to thank all the early readers of *Ubi Mors Habitat*, including Pieter Vynckier, Ashley Brewer, Ana Isabel Martin, Brad Savage, and Jason Westbrook. Their help was invaluable in pointing out errors, offering suggestions for improvement, and providing much valuable general feedback. Any errors that remain are entirely my own.

Andrew Olimpi
June 2022

ABOUT THE SERIES:

Comprehensible Classics is a series of Latin novels for beginning and intermediate learners of Latin. The books are especially designed for use in a Latin classroom which focuses on communication and Comprehensible Input (rather than traditional grammar-based instruction). However, they certainly are useful in any Latin classroom, and could even provide independent learners of Latin interesting and highly readable material for self-study.

LEVEL A: Beginner
Ego, Polyphemus
Lars Romam Odit
Mercurius Infans Mirabilis
Aulus Anser
Ubi Mors Habitat

LEVEL B: Advanced Beginner
The *Familia Mala* Trilogy:
    Familia Mala: Iuppiter et Saturnus
    Duo Fratres: Familia Mala Vol. II
    Pandora: Familia Mala Vol. III
Labyrinthus
Clodia
Ursus Nomine Vinnius (forthcoming)

′

CAPITULUM I
MĀRTIĀNUS MALUS

Rōmae[1] est vir nōmine
Mārtiānus.

ecce
Mārtiānus.

Mārtiānus est in viā.

---

[1] Rōmae: *in Rome*

Mārtiānus nōn est contentus. pecūniam nōn habet.

Mārtiānus **sibi dīcit**:[2] "nōn habeō pecūniam!"

in viā est **alter**[3] vir.

vir pecūniam habet.

Mārtiānus vult capere pecūniam ā alterō virō...

---

[2] sibi dīcit: *says to himself*
[3] alter: *another*

... sed alter vir est magnus, et Mārtiānus nōn est magnus.

Mārtiānus sibi dīcit: "**nōlō**[4] capere pecūniam ā virō fortī..."

Mārtiānus puerum videt.

ecce puer.

puer nōn est magnus et fortis sīcut vir.

puer est **caecus**.[5]

---

[4] nōlō: *I don't want*
[5] caecus: *blind*

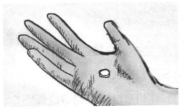

in manū puerī
est pecūnia!

Mārtiānus, pecūniam
vidēns, gaudet! puer caecus nōn
videt Mārtiānum.

Mārtiānus
sibi dīcit:

*puer caecus pecūniam
habet. puer nōn potest vidēre
mē...*

Mārtiānus manum extendit...

... et capit
pecūniam
ā puerō!

pecūniā captā, Mārtiānus **fugit**.[6]

pecūniā captā, puer caecus est anxius. puer clāmat et clāmat.

puer **magnā vōce**[7] clāmat.

multī hominēs audiunt puerum clāmantem.

---

[6] fugit: *runs away*
[7] magnā vōce: *in a loud voice, loudly*

hominēs: "ō puer, cūr clāmās?"

puer: "ego clāmō... ego clāmō... quia pecūnia mea ... capta est!"

  hominēs sunt īrātī.

hominēs īrātī: "pecūnia puerī capta est? quis **caperet**[8] pecūniam ā puerō caecō?"

Mārtiānus hominēs īrātōs audiunt. Mārtiānus gaudet...

...quia pecūniam puerī habet.

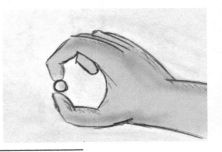

---

[8] caperet: *would steal*

Mārtiānus autem virōs fortēs timet. ānxius Mārtiānus fugit.

CAPITULUM II
POPĪNA

Mārtiānus fugit et fugit.

est **popīna**.[9]

popīna est parva. multī hominēs sunt in parvā popīnā. Mārtiānus fugit ad parvam popīnam.

---

[9] popīna: *eatery, restaurant*

Mārtiānus: "Paule! Corvīna! salvēte, amīcī!"

Paulus et Corvīna sunt amīcī Mārtiānī.

Paulus et Corvīna, videntēs Mārtiānum, respondent:

"salvē, Mārtiāne!"

in popīnā est vīnum.

Paulus et Corvīna vīnum bibunt.

Corvīna: "**vīsne**[10] vīnum, ō Mārtīne?"

Mārtiānus: "volō! grātiās!"

trēs amīcī gaudentēs vīnum bibunt.

Mārtiānus: "ō amīcī, habeō pecūniam!"

Paulus: "ō mīrāculum! **labōrāvistīne**?[11]"

---

[10] vīsne: *do you want?*
[11] labōrāvistīne? *have you been working?*

Mārtiānus: "hahahae! ō rem rīdiculam! ego nōn labōrāvī! ego **cēpī**[12] pecūniam ā puerō."

hōc audītō,[13] Corvīna et Paulus gaudent.

Corvīna:
"ō Mārtīne,
ego quoque
pecūniam habeō!"

Mārtiānus: "cēpistīne tū pecūniam?"

Corvīna: "ego nōn cēpī pecūniam. multōs amīcōs habeō.

---

[12] cēpī: *(I) grabbed, seized, took*
[13] hōc audītō: *having heard this; when they heard this*

"amīcī mē amant et pecūniam habent.

"amīcī volunt **dare mihi**[14] pecūniam. **quā dē causā**,[15] ego quoque pecūniam habeō!"

hōc audītō, Mārtiānus gaudet.

---

[14] dare mihi: *to give me*
[15] quā dē causā: *for this reason*

Mārtiānus: "amāsne tū amīcōs?"

Corvīna: "hahahae, est rīdiculum, ō amīce!

"nōn amō amīcōs! ego amō pecūniam!"

Mārtiānus: "Paule! habēsne tū pecūniam?"

Paulus: "habeō!"

Mārtiānus: "cēpistīne tū pecūniam?"

Paulus: "ego nōn cēpī."

Mārtiānus: "habēsne amīcās, **quae**[16] pecūniam habent?"

Paulus: "amīcās nōn habeō."

Corvīna: "pater ēius pecūniam habet!"

Paulus: "pater putat mē esse **in lūdō**![17] pater putat mē esse **discipulus bonus**!"[18]

hōc audītō, Mārtiānus gaudet.

---

[16] quae: *who*
[17] in lūdō: *in school*
[18] discipulus bonus: *a good student*

Mārtiānus: "tū? *tū?!*
discipulus bonus? ō rīdiculum!"

trēs amīcī gaudentēs vīnum
bibunt in popīnā.

CAPITULUM III
MORBUS

Mārtiānus est in viā.

 pecūniam
vult.

Mārtiānus sibi dīcit: *volō pecūniam! ubi est puer caecus?*

Mārtiānus est cōnfūsus, quia nōn videt puerum caecum in viā. nōn videt hominēs in viā.

ubi est puer?

in viā est
medicus.[19]

Mārtiānus:
"ō medice,
ubi sunt
hominēs?"

medicus: "ubi sunt
hominēs? multī hominēs sunt
mortuī!"

hōc audītō,
Mārtiānus est
timidus.

---

[19] medicus: *a doctor*

Mārtiānus: "mortuī?!"

medicus:
"est **morbus**[20]
in urbe! morbus
est malus! morbus
est horrificus!

"morbus contāmināvit
urbem! multī hominēs **morbō
aegrī**[21] sunt!"

hōc audītō, Mārtiānus
morbum timet. nōn vult esse
morbō aeger.

dīn-dōn! dīn-dōn!

---

[20] morbus: *disease, plague*
[21] morbo aegri: *sick with the plague*

hōc audītō, Mārtiānus est cūriōsus.

Mārtiānus sibi dīcit: *quid sonum facit?*

est **tintinnābulum**.[22]

tintinnābulum magnum sonum facit:

dīn-dōn! dīn-dōn!

Mārtiānus sonum investīgat. in viā est vehiculum.

---

[22] tintinnābulum: *a bell*

prope vehiculum
est fēmina.

fēmina clāmat: "**afferte**[23]
mortuum! afferte mortuum!"

fēmina, vidēns Mārtiānum,
est cōnfūsa.

fēmina: "esne tū stultus, ō
vir? esne tū caecus? ecce
vehiculum meum!"

in vehiculō fēminae sunt
multī hominēs mortuī.

---

[23] affert: *bring! bring out!*

 odor in vehiculō
est malus.

fēmina:
"Mors est in urbe,
ō vir stulte!

"Mors cēpit
multōs hominēs!

Mors vult capere omnēs
hominēs in urbe! fuge, ō vir
stulte! fuge!"

dīn-dōn!
        dīn-dōn!

fēmina clāmat:
"afferte mortuum!
afferte mortuum!"

odor in viā est horribilis!

Mārtiānus est odōre aeger.

Mārtiānus sibi dīcit: *ēheu!
Mors urbem vīsitat! Mors multōs
hominēs cēpit! nōlō….*

*…nōlō Mortem
capere mē!*

CAPITULUM IV
CŌNSILIUM

 Mārtiānus ad popīnam fugit.

in popīnā sunt Paulus et Corvīna.

Paulus et Corvīna **neque**[24] gaudent **neque** vīnum bibunt.

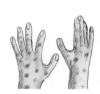 Mārtiānus: "o amici, est **morbus**[25] malus in urbe!

---

[24] neque... neque... : *neither... nor*
[25] morbus: *disease, plague*

"multi hominēs sunt **morbō aegri**![26]

"timeō morbum. nōlō esse morbō aeger."

Corvīna: "**trīstis**[27] sum. Mors cēpit amīcōs meōs! amīcī meī mortuī sunt!

"**timeō nē**[28] Mors mē capiat!"

Paulus: "ego quoque trīstis sum, ō amīcī.

---

[26] morbō aegrī: *sick with the plague*
[27] trīstis: *sad*
[28] timeo ne: *I fear that, I am afriad that*

"pater meus erat
morbō aeger.

"**mox**[29] Mors patrem meum
cēpit. nunc pater meus mortuus
est!"

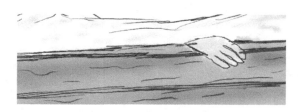

est silentium.

trēs amīcī
bibunt vīnum.

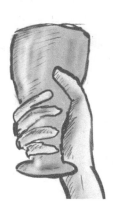

---

[29] mox: *soon*

bibunt...

   ... et bibunt

      ... et bibunt.

mox[30] amīcī sunt **ēbriī**.[31]

Mārtiānus ēbrius
gaudet.

   amīcī sunt cōnfūsī. Paulus et
Corvīna nesciunt cūr Mārtiānus
gaudeat.

Paulus sibi dīcit:
multī sunt mortuī!
cūr Mārtiānus
gaudet?

---

[30] mox: *soon*
[31] ēbriī: *drunk*

 Corvīna sibi dīcit: *ego putō Mārtiānum esse ēbrium!*

Paulus: "cūr gaudēs, ō amīce?"

Corvīna: "esne tū ēbrius?"

Mārtiānus: "amīcī, ego **cōnsilium**[32] habeō!"

hōc audītō, Corvīna et Paulus sunt confūsī.

 Corvīna: "cōnsilium? quid est cōnsilium?"

---

[32] consilium: *a plan*

Mārtiānus:
"volō **petere**[33]
Mortem **ipsam**![34]"

hōc audītō, Paulus est
confūsus.

Paulus: "petere
Mortem ipsam?
cōnsilium est
absurdum!"

Mārtiānus: "ego nōlō bibere
vīnum in popīnā. volō petere
Mortem! ō amīcī, **petāmus**[35]
Mortem ipsam!"

Corvīna (confūsa):
"sed... cūr vīs
petere Mortem?"

---

[33] petere: *to look for, seek*
[34] ipsam: *himself*
[35] petāmus: *let's look for, seek*

Mārtiānus:
"cōnsilium meum
est...

...petere et
interficere[36]
Mortem ipsam!"

hōc audītō, Corvīna et
Paulus respondent:

"tū **vīs**[37] interficere Mortem
ipsam?! cōnsilium est...

"...bonum!"

---

[36] interficere: *to kill*
[37] vīs: *(you) want*

trēs amīcī sunt ēbriī. **quā dē causā**[38] putant cōnsilium Mārtiānī esse bonum.

vīnum bibēntēs, trēs amīcī clāmant: "**interficiāmus**[39] Mortem ipsam!"

---

[38] quā dē causā: *for this reason*
[39] interficiāmus: *"let's kill"*

CAPITULUM V
SENEX

trēs amīcī sunt in viā.

amīcī multum vīnī bibērunt in popīnā. sunt ebriī.

ebriī Mortem petunt.

Mārtiānus: "Corvīna, vidēsne Mortem?"

 Corvīna: "Mortem nōn videō, Mārtīne. Paule, vidēsne Mortem?"

Paulus: "nōn videō!"

Mārtiānus impatiēns sibi dīcit: *ubi est Mors?* **sciō**[40] *Mortem esse in urbe, sed nōn possum eum vidēre. ego videō...*

...**sepulchra**.[41]

prope viam sunt multa sepulchra.

---

[40] scio: *I know*
[41] sepulchra: *tombs*

sepulchra sunt magna et parva. Corvīna sepulchra ignōrat.

Paulus autem ānxius spectat sepulchra.

Paulus sepulchra timet.

Mārtiānus sepulchra nōn timet.

Mārtiānus gaudet.

Paulus (timidus): "cūr gaudēs, ō Mārtīne? vidēsne Mortem?"

Mārtiānus: "Mortem nōn videō. sepulchra videō. in sepulchrīs sunt multī hominēs mortuī.

"ego putō Mortem habitāre prope sepulchra."

Corvīna videt Paulum esse timidum.

Corvīna: "ō Paule, timēsne sepulchra?"

Paulus: "n-n-n-nōn timeō sepulchra. nōn timeō hominēs mortuōs. t-t-t-timeō..."

Mārtiānus: "quid? quid timēs?"

Paulus: "timeō...

...**umbrās!**[42]"

Corvīna: "hahahae! umbrās! Paulus umbrās timet! ō rīdiculum! Paulus, vir magnus et fortis, timet umbrās!"

subitō Mārtiānus clāmat: "quis est in viā?"

---

[42] umbras: *shades, shadows, spirits*

in mediā viā est figūra.

figūram vidēns, Paulus
timidus clāmat:

"ēheu!
est umbra
in viā!
ō horrōrem!"

Mārtiānus, figūram vidēns,
gaudet et clāmat: "nōn est
umbra, ō amīce...

"...est Mors!"

Corvīna: "Mārtiāne, ego nōn putō figūram esse Mortem. putō figūram esse virum hūmānum."

nunc trēs amīcī **possunt**[43] vidēre figūram in viā.

Paulus: "est...**senex**![44]"

---

[43] possunt: *are able*
[44] senex: *an old man*

CAPITULUM VI
VIA SĒCRĒTA

senex est
horrificus.

magnum
baculum[45] habet.

Paulus, timēns **senem**,[46]
fugere vult. Corvīna est cūriōsa.

Corvīna: "senex!
cūr es tū in viā?"

senex: "ego
amīcōs meōs
vīsitō."

---

[45] baculum: *stick*
[46] senem: *the old man*

Paulus: "amīcī prope sepulchra habitant?"

senex: "amīcī meī nōn prope sepulchra habitant.

"amīcī meī sunt mortuī. amīcī meī sunt *in* sepulchrīs. ego vīsitō sepulchra, et...

...Mortem petō."

hōc audītō, Mārtiānus gaudet.

Mārtiānus: "tū Mortem petis? nōs trēs quoque Mortem petimus!"

Paulus: "amīcī **nostrī**[47] quoque sunt mortuī."

Corvīna: "ō senex, scīsne tū ubi Mors habitet?"

senex: "**sciō**.[48] sciō ubi Mors habitet."

---

[47] nostri: *our*
[48] scio: *I know*

Mārtiānus: "ubi?! ubi habitat Mors?"

senex trēs amīcōs spectat. Paulus senem timet.

senex: "prope sepulchra est silva.

in silvā est via sēcrēta. **ad fīnem**[49] viae sēcrētae est arbor.

---

[49] ad finem: *at the end (of)*

arbor est **in fōrmā**[50] virī magnī.

"sub arbore est Mors."

Mārtiānus gaudet. nunc scit ubi Mors habitet.

---

[50] in fōrmā: *in the shape of...*

CAPITULUM VII
ARBOR

prope
sepulchra
est magna
silva.

trēs amīcī silvam explōrant.
in silvā **ad fīnem**[51] viae sēcrētae
est arbor.

ecce arbor.

---

[51] ad finem: *at the end (of)*

arbor est magna et horrifica. arbor est in fōrmā virī magnī.

Paulus, arborem horrificam vidēns, nōn vult investīgāre arborem.

Paulus arborem timet.

Corvīna arborem īnspectat. Corvīna arborem nōn timet...

...sed est suspīciōsa.

Corvīna sibi dīcit: *ego nōn putō mortem habitāre in silvā! est rīdiculum! putō senem esse īnsānum.*

Paulus: "t-t-timeō arborem!

ego nōlō investīgāre arborem!"

Mārtiānus: "nōn timeō arborem...

...et nōn timeō Mortem."

Mārtiānus arborem investīgat.

Mārtiānus: "Mors! Mors! ubi es tū? habitāsne sub arbore?"

nōn est respōnsum. est silentium longum.

subitō Corvīna clāmat:

"amīcī! amīcī!"

Paulus, Corvīnam audiēns, sibi dīcit: *ēheu!*

*Mārtiānus **invēnit**[52] Mortem sub arbore! ō horrōrem!*

---

[52] invēnit: *has found*

Mārtiānus: "*Corvīna!* quid tū vidēs? **invēnistīnē**[53] Mortem?"

Corvīna est cōnfūsa.

Corvīna: "ego nōn... nōn invēnī Mortem..."

Paulus: "quid... quid tū invēnistī?"

Corvīna: "invēnī... ūrnam. est magna ūrna in terrā sub arbore!"

ecce ūrna.

---

[53] invenistine: *have you found...?*

trēs amīcī ūrnam
īnspectant. in ūrnā scrīptum est...

UBI MORS HABITAT.

Paulus clāmat: "Mors! Mors
habitat in ūrnā! ego nōlō petere
Mortem!"

Corvīna: "ō amīce, quid
vīs?[54] vīsne fugere? vīsne
īnspectāre ūrnam?"

Mārtiānus: "ego
nōn timeō
Mortem."

Mārtiānus et Corvīna ūrnam
īnspectant. Paulus autem ūrnam
timet.

---

[54] vis: *do you want*

Paulus: "amīcī, "quid est in ūrnā? estne Mors?"

Corvīna: "in ūrnā... nōn est Mors."

Paulus ūrnam timet, sed est cūriōsus. Paulus timidus ūrnam īnspectat.

in ūrnā est...

... pecūnia!

CAPITULUM VIII

PECŪNIA

sub arbore est ūrna **plēna**[55] pecūniae.

Mārtiānus sedet sub arbore, īnspectāns pecūniam. Mārtiānus gaudet vidēre ūrnam plēnam pecūniae sub arbore.

Corvīna: "est mīrāculum! **cuius**[56] pecūnia est, ō Mārtiāne?"

---

[55] plēna: *full of*
[56] cuius: *whose*

Mārtiānus: "cuius pecūnia? est pecūnia **nostra**.[57]"

Paulus pecūniam capit. *senex **dīxit**[58] Mortem habitāre sub arbore, sed falsum dīxit!*

Paulus: "**capiāmus**[59] pecūniam, ō amīcī."

trēs amīcī ūrnam plēnam pecūniae capiunt.

---

[57] nostra: *our*
[58] dixit: *said*
[59] capiāmus: *let's capture, grab, seize*

Paulus: "cōnsilium habeō. **afferāmus**[60] pecūniam ad domum meam."

Corvīna: "ad domum *tuam*? afferāmus pecūniam ad domum *meam*!"

Mārtiānus: "afferāmus pecūniam ad domum *meam*!"

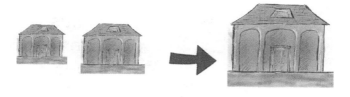

---

[60] afferāmus: *let's bring, let's take*

est contrōversia. Corvīna et Paulus et Mārtiānus sunt īrātī. clāmant et clāmant.

omnēs[61] trēs volunt pecūniam!

Paulus: "amīcī! silentium! silentium!"

hōc audītō est silentium. Mārtiānus et Corvīna Paulum spectant.

Paulus: "cōnsilium habeō."

---

[61] omnēs: *all*

Corvīna est
suspīciōsa.

nōn vult audīre cōnsilium
Paulī. Mārtiānus autem vult
audīre cōnsilium.

Mārtiānus (cūriōsus): "quid
est cōnsilium, ō amīce?"

Paulus: "dīvidāmus
pecūniam in trēs partēs."

Mārtiānus: "cōnsilium
bonum est!"

Corvīna: "cōnsilium est bonum, sed est **difficultās**.[62]

in viā...

 ...sunt multī hominēs.

"nōlō hominēs vidēre mē

...**ferentem**[63] pecūniam.

---

[62] difficultās: *a difficulty, a problem*
[63] ferentem: *carrying*

"timeō nē[64] hominēs
capiant pecūniam meam!"

 Mārtiānus:
"dīvidāmus
pecūniam...

...et **trānsferāmus**[65]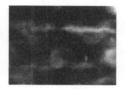
pecūniam **noctū**.[66]

"noctū hominēs nōn possunt
pecūniam vidēre!"

 Paulus: "cōnsilium
bonum est...
sed..."

---

[64] timeō nē: *I fear that, I'm afraid that...*
[65] trānsferāmus: *let's transfer, transport*
[66] noctū: *at night*

Corvīna: "Paule, quid est difficultās?"

stomachus Paulī magnum sonum facit.

Paulus: "volō cibum!"

CAPITULUM IX
MEDICUS

Paulus in urbe est.

Paulus habet cibum...

...et vīnum.

quā dē causā gaudet.

Mārtiānus et Corvīna nōn sunt in urbe. sunt sub arbore cum pecūniā.

Paulus in viā est. subitō sonum audit.

prope viam sunt trēs **avēs**.[67]

avēs comedunt animal mortuum.

---

[67] aves: *birds*

Paulus spectat avēs.

duo avēs sunt
magnae...

...et ūna
est parva.

avis parva vult comedere
animal, sed nōn potest. magnae
avēs nōn volunt dīvidere animal
mortuum!

subitō parva avis
capit animal...

...et fugit!

nunc parva avis cibum habet!

Paulus, avēs spectāns, sibi dīcit: *amīcī volunt dīvidere pecūniam in trēs partēs.*

*sed ego volō **tōtam**[68] pecūniam!"*

in urbe est medicus.

---

[68] tōtam: *all (of), the entire amout (of)*

Paulus medicum vīsitat.

medicus
multās pōtiōnēs
et medicīnās habet.

Paulus vult **neque** pōtiōnēs
neque[69] medicīnam.

Paulus: "volō
venēnum.[70]
habēsne
venēnum?

medicus:
"habeō venēnum.
cūr tū vīs
venēnum?"

---

[69] neque... neque...: *neither... nor...*
[70] venenum: *poison*

Paulus: "sunt duo mūrēs quī cibum meum comedunt. volō interficere **mūrēs**.[71]"

medicus: "habeō venēnum **potēns**.[72]"

Paulus: "potestne venēnum interficere mures?"

medicus: "venēnum potest *omnia* interficere."

---

[71] mūrēs: *mice*
[72] potēns: *powerful, strong, potent*

CAPITULUM X
PAULUS IN VIĀ

Paulus in viā est.

in manū Paulī sunt cibum et vīnum.

Paulus īrātus sibi dīcit: *nōlō dīvidere pecūniam! volō tōtam pecūniam...*

subitō in viā est senex.

senex: "Paule! Paule! quid habēs in manū."

Paulus: "in manū meā? habeō vīnum et cibum in manū meā."

senex **rīdet**.[73]

senex: "habēsne cibum? habēsne vīnum? ego sciō quid tū habeās, ō Paulus. habēs Mortem! hahahae!"

---

[73] rīdet: *laughs*

Paulus senem timet. putat senem esse īnsānum.

Paulus: "n-n-nōn habeō Mortem!

h-h-habeō..."

senex: "hahahae! tū petis Mortem, sed Mors *tē* petit!"

senex rīdet et rīdet.

hōc audītō, Paulus fugit.

fugiēns Paulus audit senem rīdentem.

senex clāmat: "Mors tē petit! Mors tē petit!"

Paulus fugit et fugit.

Paulus arborem
videt.

ūram et
pecūniam videt.

amīcōs nōn videt. Paulus
ānxius est.

ubi sunt amīcī?

subitō Paulus sonum
horrificum audit.

*ēheu! audiō sonum
horrificum? quis sonum facit?*

*estne
umbra?*

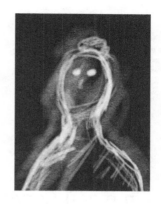

subitō Paulus
figūram videt.

figūra clāmat: "Paule!
Paule!"

est Corvīna!

Corvīna timida clāmat:
"Paule! Paule!"

Paulus: "Corvīna! cūr
clāmās? cūr tū es timida?"

Corvīna: "Mortem! Mortem! ego **invēnī**[74] Mortem!"

in manū Corvīnae est **gladius**.[75]

Paulus: "Mortem? Mortem?! ubi est Mors?"

Corvīna: "**hīc**![76]"

---

[74] invēnī: *(I) have found*
[75] gladius: *a sword*
[76] hīc: *here*

Corvīna Paulum gladiō
confodit.[77]

Paulus: "sed... sed..."

Paulus in terrā est... mortuus!

---

[77] confodit: *stabs*

CAPITULUM XI
MORS

Corvīna et Mārtiānus
īnspectant Paulum in terrā.

Paulus est
mortuus.

Corvīna
gaudet...

...sed Mārtiānus est trīstis.

Mārtiānus: "Corvīna... tū...
tū **interfēcistī**[78] Paulum!"

---

[78] Interfēcistī: *(you) killed*

in manū Corvīnae est gladius.

Corvīna: "ego **nōlēbam**[79] dīvidere pecūniam in trēs partēs. nunc dīvidēmus pecūniam in duās partēs."

in terrā prope Paulum mortuum est... cibus et vīnum.

---

[79] nōlēbam: *(I) did not want*

Mārtiānus: "Corvīna! ecce cibus! ecce vīnum!"

Corvīna, vidēns cibum et vīnum, gaudet.

Corvīna: "nunc habēmus vīnum et cibum! nunc **bibendum est**![80] nunc comedendum est! nunc celebrandum est!"

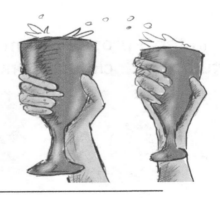

---

[80] bibendum est: *we must drink; "let's drink!"* (comedendum est *and* celebrandum est *follow the same pattern.*

Corvīna et Mārtiānus capiunt cibum et vīnum. duo amīcī volunt celebrāre fortūnam bonam.

Corvīna et Mārtiānus cibum comedunt...

...et vīnum bibunt.

Corvīna: "cōnsilium habeō, amīce. volō trānsferre pecūniam in domum meam.

"in domō meā **possumus**[81] dīvidere pecūniam."

---

[81] possumus: *we are able*

Mārtiānus putat cōnsilium esse malum. Corvīna gladium habet. Mārtiānus gladium Corvīnae timet.

subitō Corvīna cibum nōn comēdit. Corvīna **aegra est**.[82]

Corvīna clāmat: "ēheu! sum...

sum... aegra!"

Mārtiānus vult capere gladium ā Corvīnā. subitō Mārtiānus aeger est.

---

[82] aegra est: *is sick*

Mārtiānus: "ego... ego... quoque sum aeger!"

Corvīna et Mārtiānus sunt aegrī et ānxiī.

Corvīna: "cibus... et vīnum... sunt malī!"

Mārtiānus: "est venēnum... in cibō!"

Corvīna: "Paulus... Paulus **posuit**[83] venēnum... in vīnō..."

[83] posuit: *put, placed*

Corvīna et Mārtiānus sunt...

...mortuī!

omnēs trēs amīcī Mortem **invēnērunt**.[84]

FĪNIS

---

[84] invēnērunt: *found, have found*

INDEX VERBORUM

celebrēmus: *let's celebrate*
cēpī: *I took, I grabbed*
cēpistīne: *have you taken?*
cepit: *grabbed, stole*
cēpit: *took, grabbed*
cibō: *food*
cibum: *food*
cibus: *food*
clāmāns: *shouting, yelling*
clāmant: *(they) shout, yell*
clāmantem: *shouting, yelling*
clāmāre: *to shout, to yell*
clāmās: *(you) shout, (you) yell*
clāmat: *shouts, yells*
clāmō: *(I) shout, (I) yell*
comedere: *to eat*
comedit: *eats*
comedunt: *(they) eat*
cōnfūsa: *confused*
cōnfūsī: *confused*
confusus: *confused*
cōnfūsus: *confused*
cōnsilium: *a plan*
contaminari: *to be contaminated*
contāmināri: *to be contaminated*
contaminatī: *contaminated*
contāminatī: *contaminated*

contamināvit: *contaminated*
contāmināvit: *contaminated*
contentus: *content*
contrōversia: *controversy, disagreement*
cūius: *whose*
cum: *with*
cūr: *why*
cūriōsa: *curious*
curiosus: *curious*
cūriōsus: *curious*

D

dare: *to give*
dē: *from*
dīcit: *says*
difficultās: *difficulty*
discipulus: *student*
dīvidāmus: *let's divide*
dīvidēmus: *we will divide*
dīvidere: *to divide*
dīxit: *said*
domō: *home*
domum: *house, home*
duās: *two*
duo: *two*

E

ēbriī: *drunk*
ēbrium: *drunk*
ēbrius: *drunk*
ecce: *behold, look*
ego: *I*
ēheu: *oh no! alas!*

eōrum: *their*
erat: *was*
es: *you are*
esne: *are you?*
esse: *to be*
est: *is*
estne: *is? is it?*
et: *and*
eum: *him*
explōrant: *explore*
exspectāre: *to wait for,*
   to expect
extendit: *extends*

F

facit: *makes*
falsō: *falsely*
fēmina: *woman*
ferentem: *carrying*
figūra: *figure*
figūram: *figure*
fīnem: *the end*
fōrmā: *form, shape*
fortēs: *strong, brave*
fortī: *strong, brave*
fortis: *strong, brave*
fortūnam: *fortune*
frater: *brother*
fuge: *run away! flee!*
fugere: *to run away, flee*
fugiēns: *running away,*
   fleeing
fūgit: *ran away, fled*
fugit: *runs away, flees*

G

gaudeat: *is happy,*
   rejoices

gaudent: *are happy,*
   rejoice
gaudēs: *you are happy,*
   rejoice
gaudet: *is happy,*
   rejoices
gladiō: *with a sword*
gladium: *sword*
gladius: *sword*
gratiās: *thanks*

H

habeās: *you have*
habēmus: *we have*
habent: *they have*
habeō: *I have*
habēre: *to have*
habēs: *you have*
habēsne: *do you have?*
habet: *has*
habitant: *they live*
habitāre: *to live*
habitāsne: *do you live*
habitat: *lives*
habitet: *lives*
hīc: *here*
hōc audītō: *having*
   heard this
hominēs: *people*
horribilem: *horrible*
horribilis: *horrible*
horrifica: *scary, horrific*
horrificam: *scary,*
   horrific
horrificum: *scary,*
   horrific
horrificus: *scary, horrific*
horrorem: *horror*

horrōrem: *horror*
hūmānum: *human*

I

iam: *now*
ignōrat: *ignores*
impatiēns: *impatient*
in: *in, on*
īnsānum: *insane*
īnspectāns: *inspecting,
  looking for*
īnspectant: *they inspect*
īnspectāre: *to inspect*
īnspectat: *inspects*
interfēcistī: *you have
  killed*
interficere: *to kill*
interficiāmus: *let us kill*
invēnērunt: *they found*
invēnī: *I found*
invēnistī: *you have
  found*
invēnistīnē: *have you
  found?*
invēnit: *found*
investīgāre: *to
  investigate*
investīgat: *investigates*
ipsum: *himself, itself*
īrātī: *angry*
īrātōs: *angry*
īrātus: *angry*

L

laborāvī: *I worked, I
  have worked*
labōrāvistīne: *have you
  been working?*

longum: *long*
lūdō *school*

M

magna: *big, large*
magnā: *big,large*
magnae: *big, large*
magnī: *big, large*
magnum: *big, large*
magnus: *big, large*
mala: *bad*
malā: *bad*
malam: *bad*
malī: *bad*
malus: *bad*
manū: *hand*
manum: *hand*
mē: *me*
mea: *my*
meā: *my*
meam: *my*
mediā: *middle*
medice: *doctor*
medicīnam: *medicine*
medicīnās: *medicine*
medicum: *doctor*
medicus: *doctor*
meī: *my*
meōs: *my*
meum: *my*
meus: *my*
mihi: *to me*
mīrāculum: *miracle*
morbo: *plague,
  sickness, disease*
morbō: *with plague,
  sickness, disease*
morbō aeger: *sick with*

the plague
morbum: *plague,
sickness, disease*
morbus: *plague,
sickness, disease*
mortem: *death*
mortuī: *dead*
mortuōs: *dead*
mortuum: *dead*
mortuus: *dead*
mox: *soon*
multa: *many*
multī: *many*
multōs: *many*
multum: *much*
mūrēs: *mice*

N
nauseam: *nausea*
neque: *and... not,
neither*
nesciunt: *don't know*
noctū: *at night*
nōlēbam: *I didn't want*
nōlīte: *don't*
nōlō: *I don't want*
nomine: *names*
nōn: *not*
nōs: *we, us*
noster: *our*
nostra: *our*
nostram: *our*
nostrī: *our*
nunc: *now*

O
odor: *odor, smell*
omne: *all*

omnēs: *everyone, all*
omnia: *all, everything*

P
partēs: *parts*
parva: *small*
pater: *father*
patrem: *father*
pecūnia: *money*
pecūniā: *money*
pecūniae: *of money*
pecūniam: *money*
petāmus: *let us seek,
look for*
petēbās: *you were
seeking, looking for*
petere: *to look for, seek*
petimus: *we look for,
seek*
petis: *you look for, seek*
petit: *looks for, seeks*
petīvērunt: *they looked
for, sought*
petō: *I look for, seek*
petunt: *they look for,
seek*
popīna: *restaurant,
eatery*
popīnā: *restaurant,
eatery*
popīnam: *restaurant,
eatery*
possum: *(I) am able, I
can*
possumus: *(we) are able*
possunt: *(they) are able*
posuit: *put, placed*
potēns: *powerful, potent*

potest: *is able (to), can*
potestne: *is ___ able to? can?*
pōtiōnēs: *potions*
prope: *near, next to*
puer: *boy*
puerī: *boys*
puerō: *to the boy*
puerum: *boy*
pulsat: *hits*
putant: *(they) think*
putat: *thinks*
putō: *I think*

Q

quā dē causā: *for this reason*
quae: *who*
quī: *who*
quia: *because*
quid: *what*
quis: *who*
quoque: *also*

R

rem: *thing, matter*
respondent: *(they) answer, respond*
respōnsum: *a response, an answer*
rīdentem: *laughing*
rīdet: *laughs*
rīdiculam: *ridiculous*
rīdiculum: *ridiculous*

S

salvē: *hello, greetings*
salvēte: *hello, greetings (everyone)*
sciō: *(I) know*
scīsne: *do you know?*
scit: *knows*
scrīptum est: *was written*
sēcrēta: *secret*
sēcrētae: *secret*
sed: *but*
sedent: *(they) sit*
sedēre: *to sit*
sedet: *sits*
senem: *old man*
senex: *old man*
sepulchra: *tombs*
sibi: *to himself, to herself*
    sibit dīcit: *says to himself, says to herself*
sicut: *like, just like*
silentium: *silence*
silva: *woods, forest*
silvā: *woods, forest*
silvam: *woods, forest*
sonat: *makes a sound*
sonum: *a sound*
spectāns: *watching*
spectant: *(they) watch*
spectat: *watches*
stomachus: *stomach*
stulte: *foolish*
stultī: *foolish*
stultus: *foolish*
sub: *under*
subitō: *suddenly*
sum: *I am*
sunt: *(they) are*

suntne: *are they?*
suspīciōsa: *suspicious*

T

tē: *you*
terrā: *earth, land*
terram: *earth, land*
timēns: *fearing, fearful*
timeō: *(I) fear, am afraid*
timēs: *(you) fear, are afraid*
timēsne: *do you fear?*
timet: *fears, is afraid*
timida: *timid, fearful*
timidā: *timid, fearful*
timidum: *timid, fearful*
timidus: *timid, fearful*
tintinnābulum: *a bell*
tōtam: *all (of), the entire amount (of)*
trānsferāmus: *let's transfer*
trānsferre: *to transfer*
trēs: *three*
trīstēs: *sad*
trīstis: *sad*
tū: *you*
tuam: *your*

U

ubi: *where*
umbra: *shade, shadow*
umbrās: *shades, shadows*
ūna: *on*
urbe: *city*
urbem: *city*

urna: *urn*
urnā: *urn*
urnam: *urn*

V

vehiculo: *vehicle*
vehiculō: *vehicle*
vehiculum: *vehicle*
venēnum: *poison*
via: *road*
viā: *road*
viae: *roads*
viam: *road*
vidēns: *seeing*
videntēs: *seeing*
videō: *I see*
vidēre: *to see*
vidēsne: *do you see?*
videt: *sees*
vīdistī: *did you see?*
vīnī: *wine*
vīnō: *wine*
vīnum: *wine*
vir: *man*
virī: *men*
viro: *man*
virō: *man*
viros: *men*
virum: *man*
vīs: *you want*
vīsitat: *visits*
vīsitāvit: *visited*
vīsitō: *I visit*
visne: *do you want?*
vīsne: *do you want?*
vōce: *voice*
volō: *I want*
volunt: *they want*
vult: *wants*

EGO, POLYPHEMUS
Level: Beginner

Polyphemus the Cyclops' life is pretty simple: he looks after his sheep, hangs out in his cave, writes (horrible) poetry, eats his cheese . . . until one day a ship arrives on his peaceful island, bringing with it invaders and turning his peaceful world upside down.

LARS ROMAM ODIT

Lars is the king of Clusium, a city in ancient Italy, and it is good to be the king. He has fame, wealth, and power—everything he could ever want. He even has a best friend, Titus, the royal scribe.

One day a king named Tarquinius arrives Clusium, asking Lars for help...

MERCURIUS
INFANS HORRIBILIS

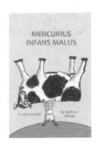

Baby Mercury is not like an ordinary human baby; he can speak, he is incredibly strong, and he can even fly! One day when little Mercury steals some cattle, the god Apollo is forced to track down the thief and try to set right all the chaos the mischievous infant has caused!

AULUS ANSER

Aulus is a goose, who lives in ancient Rome on the Capitoline Hill. One day when the Gauls arrived to invade Rome, Aulus thinks that he is responsible! Driven by guilt, he wants to help fix the problem he thinks he created. But what can a little goose do to help defend the Romans against the invaders?

COMPREHENSIBLE CLASSICS

LEVEL B NOVELLAS

FAMILIA MALA TRILOGY:

VOL. 1: SATURNUS ET IUPPITER
VOL. 2: DUO FRATRES
VOL. 3: PANDORA

They're the original dysfunctional family! Rivalry! Jealousy! Poison! Betrayal! Gods! Titans! Cyclopes! Monsters! Magical Goats!

Read all about the trials and tribulations of Greek mythology's original royal family! Suitable for all novice Latin readers.

LABYRINTHUS

Princess Ariadna's family is . . . well . . . complicated. Her father Minos, king of Crete, ignores her. Her mother is insane. Her half-brother is a literal monster—the Minotaur who lives deep within the twisting paths of the Labyrinth. When a handsome stranger arrives on the island, Ariadna is faced with the ultimate choice: should she stay on the island of Crete, or should she abandon her family and her old life for a chance at escape . . . and love?

CLODIA: FABULA CRIMINALIS

Love, lies, betrayal, extortion... just another day in the life of Clodia, a wealthy Roman woman, who will do anything to get what she wants. When she spots a handsome young poet named Catullus at a dinner party, this chance encounter sparks a whirlwind romance. Rather than leading to fairytale ending, however, this relationship brings only heartache, jealousy...*and murder*.

COMPREHENSIBLE CLASSICS

LEVEL C NOVELLAS

IO PUELLA FORTIS

VOL. 1: IO ET TABELLAE MAGICAE
VOL. 2: IO ET MONSTRUM HORRIFICUM

Io is tired of her life in a small town in ancient Greece. She is growing up fast but is frustrated that her mother still treats her like a child.

One day, Io finds a wax tablet and stylus in a mysterious clearing in woods. Io is surprised to discover that one the tablet is written a single sentence: "Hello, Io."

Who left the message? How do they know Io's name? Io immediately decides to solve this mystery, a decision that entangles her, her sister Eugenia, and her friend Chloe in a thrilling and dangerous adventure.

VIA PERICULOSA
Level: Beginner/Intermediate

Niceros is a Greek slave on the run in ancient Italy, avoiding capture and seeking his one true love, Melissa. However, a chance encounter at an inn sets in motion a harrowing chain of events that lead to murder, mayhem, mystery, and a bit of magic. *Via Periculosa* is loosely adapted from the Roman author Petronius.

IDUS MARTIAE

"Beware the Ides of March!"

It's 44 BC, and strange things are happening in Rome. A sacrificed bull is found to have no heart. Senators are meeting in houses secretly, speaking in whispers and hiding in the shadows. A soothsayer is warning people in the streets to "beware the Ides of March." Mysterious boxes are beginning to turn up... containing daggers. Pompeia, her brother Cornelius, and her friend Roscus set out to investigate these strange happenings and soon find themselves entangled in a web of intrigue, deception... and murder!

COMPREHENSIBLE CLASSICS

LEVEL D NOVELLAS

PUER EX SERIPHO

VOL. 1. PERSEUS ET REX MALUS
VOL 2: PERSEUS ET MEDUSA

On the island of Seriphos lives Perseus a twelve-year-old boy, whose world is about to be turned upside down. When the cruel king of the island, Polydectes, seeks a new bride, he casts his eye upon Perseus' mother, Danaë. The woman bravely refuses, setting in motion a chain of events that includes a mysterious box, a cave whose walls are covered with strange writing, and a dark family secret.

Puer Ex Seripho is a gripping two-part adventure based on the Greek myth of Perseus.

VOX IN TENEBRIS
Lucanus, a Roman citizen travelling through Greece, has a big problem: he is far from home, broke, and desperate to make some quick money. A job opportunity soon comes his way, with a big reward: one hundred gold coins! The catch? Lucanus has to stay up all night with the dead body of a prominent citizen. Luccanus takes the job, even though he has heard the stories that citizens of the town whisper: tales of witches, ruthless and bloodthirsty, who wander the streets after the sun the sun goes down.

FILIA REGIS ET
MONSTRUM HORRIBILE
Level: Beginner/Intermediate

Originally told by the Roman author Apuleius, this adaptation of the myth of Psyche is an exciting fantasy adventure, full of twists, secrets, and magic. The reader will also find many surprising connections to popular modern fairy tales, such as "Cinderella," "Snow White," and "Beauty and the Beast"

Made in United States
Cleveland, OH
19 June 2025

17836071R00056